하루 10분 논어 따라쓰기

키즈키즈 교육연구소 지음

미래주니어

차례

학이편(學而篇)

배움의 기쁨과 유교적인 인간상에 대해
주로 이야기하고 있어요.

위정편(爲政篇)

덕으로 다스리는 정치를 시작으로
군자의 됨됨이에 대해 다루고 있어요.

팔일편(八佾篇)

예를 바로 세우기 위한 내용이
주를 이루고 있어요.

이인편(里仁篇)

군자와 소인을 구분하고
어진 사람에 대한 이야기가 많아요.

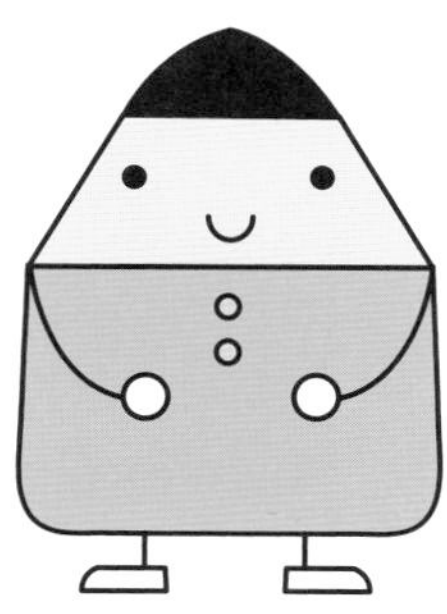

매일 논어를 따라 쓰며
소중한 지혜를 배워 보세요!
따라 쓴 문장에는
☑ 표시하세요~

- □ **31.** 군자는 덕을 생각하지만
- □ **32.** 이익에 따라 행동하면
- □ **33.** 지위가 없음을 걱정하지 말고
- □ **34.** 남이 자신을 알아주지 않음을
- □ **35.** 어진 사람을 보면
- □ **36.** 부모가 살아 계실 때에는
- □ **37.** 옛사람들이 함부로 말하지 않았던 것은
- □ **38.** 함부로 행동하지 않는 사람은
- □ **39.** 덕이 있는 사람은 외롭지 않고
- □ **40.** 임금을 섬길 때 자주 충고하면

공야장편(公冶長篇)

공자의 제자와 춘추 시대의
인물에 대한 평가가 주를 이루어요.

- □ **41.** 자로는 가르침을 들으면
- □ **42.** 군자는 네 가지 자격이 있으니
- □ **43.** 세 번은 지나치다. 두 번이면 족하다.
- □ **44.** 자신의 허물을 보고 마음속으로

옹야편(雍也篇)

공야장편처럼 인물에 대한 평가로
제자들에 대한 평가가 많아요.

- □ **45.** 힘이 부족한 사람은
- □ **46.** 사람은 정직하게 살아야 한다.
- □ **47.** 아는 것은 그것을 좋아하는 것만 못하고
- □ **48.** 지혜로운 사람은 물을 좋아하고

술이편(述而篇)

공자의 자화상과 같은 이야기로
공자의 교육관 등에 대한 내용이에요.

- □ **49.** 배우려는 열의가 없으면
- □ **50.** 의롭지 않은 부귀를 누리는 것은
- □ **51.** 세 사람이 길을 가면
- □ **52.** 낚시는 하되 그물은 쓰지 않았고
- □ **53.** 내가 인을 실천하고자 하면
- □ **54.** 사치스러우면 공손함을 잃게 되고
- □ **55.** 공손함을 잃기보다

태백편(泰伯篇)

덕에 대해 다루고 있으며 지식인의
책임과 의무에 대해서도 이야기해요.

- □ **56.** 그 직위에 있지 않다면
- □ **57.** 열정이 높지만 정직하지 않고
- □ **58.** 배움은 닿지 못하는 것처럼

자한편(子罕篇)

공자의 사상과 학문 등을
주로 다루고 있어요.

- □ **59.** 싹은 났어도 꽃을 피우지
- □ **60.** 대군의 장수는 빼앗을 수 있어도
- □ **61.** 날씨가 추워진 다음에야
- □ **62.** 지혜로운 사람은 미혹되지 않고

향당편(鄕黨篇)

공자의 말과 행동, 생활 습관 등 일상생활에 대한 내용이에요.

- □ **63.** 음식을 먹을 때는 말하지 않고
- □ **64.** 자리가 바르지 않으면 앉지 않았다.

선진편(先進篇)

공자를 따르는 제자들의 성격과 특징 등을 평가하는 내용이 많아요.

- □ **65.** 아직 삶도 모르는데
- □ **66.** 말이 독실한 것만으로는

안연편(顔淵篇)

인(仁)에 대한 질문과 정치에 대한 질문이 많아요.

- □ **67.** 예가 아니면 보지 말고
- □ **68.** 군자는 근심하지 않고
- □ **69.** 군자는 남의 장점을 이루게 하고
- □ **70.** '번지'라는 제자가 인에 대해 물으니
- □ **71.** 충고하고 잘 이끌어 주되

자로편(子路篇)

정치에 대한 공자의 원칙과 의견을 주로 이야기하고 있어요.

- □ **72.** 군자는 화합하되 같아지지 않고
- □ **73.** 마을 사람들 중에서 착한 사람이
- □ **74.** 군자는 태연하지만 교만하지 않고

헌문편(憲問篇)

여러 인물에 대한 기록과 평가 등 역사에 대한 내용이 많아요.

- □ **75.** 그를 아끼면서 수고롭게
- □ **76.** 가난하면서 원망이 없기는 어려워도
- □ **77.** 자신의 말을 부끄러워할 줄 모르면
- □ **78.** 옛날 학자들은 자신의 수양을 위해
- □ **79.** 군자는 생각이 그 지위를
- □ **80.** 천리마를 칭찬하는 것은

위령공편(衛靈公篇)

이상적인 인간상, 군자와 소인을 비교하는 내용이 주를 이루어요.

- □ **81.** 더불어 말할 만한데
- □ **82.** 더불어 말할 만하지 않은데
- □ **83.** 사람이 먼 장래에 대한 생각이 없으면
- □ **84.** 종일 함께 모여 있으면서도
- □ **85.** 군자는 일의 원인을 자기에게서 찾고
- □ **86.** 자신이 하기 싫은 것을
- □ **87.** 많은 사람이 싫다 해도
- □ **88.** 잘못인 줄 알면서도 고치지 않는 것
- □ **89.** 추구하는 길이 다르면

계씨편(季氏篇)

공자의 정치 철학, 도움과 해가 되는 친구에 대해서도 다루고 있어요.

- □ **90.** 정직한 사람을 친구로 삼고

양화편(陽貨篇)

정치와 배움 등 여러 가지
내용이 담겨 있어요.

- □ **91.** 타고난 성품은 서로 비슷하지만
- □ **92.** 길거리에서 듣고서
- □ **93.** 나이 마흔이 되어서도

미자편(微子篇)

세상, 권력 등에서 떠나 있는
은자들을 만났던 이야기예요.

- □ **94.** 이미 지나간 일은 어쩔 수 없지만
- □ **95.** 큰 잘못이 없는 한 오래된 친구를

자장편(子張篇)

공자의 말을 여러 제자들이
풀이한 글로 알려져 있어요.

- □ **96.** 날마다 새로운 것을 알아가고
- □ **97.** 소인은 잘못을 저지르면

요왈편(堯曰篇)

군자의 도리에 대한 내용을
주로 다루고 있어요.

- □ **98.** 하늘의 명을 알지 못하면
- □ **99.** 예를 알지 못하면 세상에
- □ **100.** 말을 알지 못하면 사람을

참조하세요!

〈논어〉는 총 20편으로 구성되어 있습니다. 원작에는 각 편마다 이름이 없었으나 학자들이 내용을 쉽게 분류하기 위해 각 편에 학이편, 위정편, 팔일편과 같은 이름을 붙였습니다.
편 이름이나 장 이름은 해당 내용을 포괄하는 제목으로 정하기 마련인데, 〈논어〉에서 학이편, 이인편, 위령공편 등은 해당 편의 내용을 압축하고 있지 않습니다. 대부분 각 편에 소개되는 내용의 처음 두 글자나 세 글자의 단어를 가리킵니다.
예를 들어 〈논어〉 본문을 보면 "學而時習之면 不亦說乎아."에서 학이(學而) 두 글자를 편명으로 삼은 것입니다. 따라서 편명이 담고 있는 의미에 대해 깊이 생각하지 않아도 된답니다. 이 책에서는 이해를 돕기 위해 각 편에서 주요하게 다루고 있는 내용을 간략하게 정리하였습니다.

머리말

생활에 필요한 지혜와 바른 인성을 길러 주는 <하루 10분 논어 따라쓰기>

공자의 가르침을 담은 동양 고전, 논어

논어(論語)는 공자의 가르침을 담은 책으로, 공자의 삶과 생각을 알 수 있습니다. '논(論)'은 의논하고 편집하다는 뜻이고, '어(語)'는 공자의 말씀이라는 뜻이에요. 책 이름에서도 알 수 있듯이 논어는 공자가 직접 쓴 것이 아니라, 그의 제자들이 공자의 말씀과 공자와 대화를 나눈 내용을 기록한 것입니다.

공자는 2500년 전 중국 춘추전국시대 사람으로 정치가, 사상가, 교육가로서 학문을 연구하며 평생 제자를 가르치며 살았습니다. 공자는 아름다운 세상을 만들기 위해 인성 교육을 중요시하며 항상 배움을 실천하려고 했습니다. 누구나에게 모범이 되는 공자의 삶은 지금도 높이 평가되고 있습니다.

논어 따라쓰기로 삶의 교훈을 마음에 새기세요.

〈하루 10분 논어 따라쓰기〉는 공자의 가르침을 읽고 따라 쓰면서 그 뜻을 이해할 수 있도록 구성했습니다. 논어의 한자와 뜻풀이를 실었으며, 원문에 담긴 속뜻을 어린이의 눈높이에서 알기 쉽게 설명했습니다.

논어에는 배움, 배려, 예의, 친구 관계, 생활 습관 등 공자의 도덕적인 가르침이 담겨 있습니다. 논어는 오랜 세월 동안 널리 읽혀지고 있는 동양 고전으로, 공자의 말씀은 지금도 우리의 생활 속에서 바른 길잡이가 되어 줍니다.

'쓰기'는 초등 학습의 기본이 되는 교육 중 하나입니다.

초등학교에서 읽기, 쓰기, 말하기는 가장 기본적인 학습입니다. 자신의 생각을 바르게 전하기 위해서 바른 글씨체를 익히는 것은 필수입니다. 또한 글씨를 잘 쓰면 어릴 때나 어른이 되어서도 주변 사람들의 관심을 받게 되고, 자신감도 갖게 됩니다. 뿐만 아니라 글씨를 한 자 한 자 바르게 따라 쓰다 보면 산만한 마음을 가라앉게 해 주며, 집중력도 함께 길러져 학습에 필요한 기본기를 탄탄하게 다져 줍니다.

처음부터 바르게 익힌 예쁜 글씨체는 평생 훌륭한 자산이 됩니다. 〈하루 10분 논어 따라쓰기〉는 어린이들이 따라쓰기를 하며 자연스럽게 바르고 예쁜 글씨체를 익히도록 도와줍니다.

하루 10분씩 100일 동안 꾸준히 따라 쓰세요.

처음부터 욕심을 내어 하루에 여러 장을 쓰지 않도록 합니다. 한 번에 많이 쓰는 것보다 매일 꾸준히 쓰는 연습을 하는 것이 논어에 담긴 뜻을 이해하고 익히는 데 더욱 효과적입니다.

하루 10분씩 100일 동안 몸과 마음을 차분하게 하는 논어 100문장을 꾸준히 따라 써 보세요. 힘들고 어려운 일이 생겼을 때 어떤 선택을 하고 실천해야 하는지 생활 속에 필요한 지혜를 배울 수 있고 바른 인성을 길러 줍니다.

학이편

01

學而時習之면 不亦說乎아.
학이시습지 불역열호

배우고 때때로 익히면
기쁘지 아니한가?

바르게 따라 써 보세요.

	배	우	고		때	때	로		익	히	면		기	쁘
지		아	니	한	가	?								

아래 칸에 맞춰 써 보세요.

배우고 때때로 익히면
기쁘지 아니한가?

새로운 것을 배우고 실력을 쌓는 것은 기쁘고 즐거운 일이에요.
내가 좋아하는 일에 푹 빠져서 배우는 즐거움을 누려 보세요.

학이편
02

有朋이 自遠方來면 不亦樂乎아.
유붕 자원방래 불역락호

친구가 먼 곳에서 찾아오면
즐겁지 아니한가?

바르게 따라 써 보세요.

	친	구	가		먼		곳	에	서		찾	아	오	면
즐	겁	지		아	니	한	가	?						

아래 칸에 맞춰 써 보세요.

친구가 먼 곳에서 찾아오면
즐겁지 아니한가?

진정한 친구란 가까이 있어도, 멀리 떨어져 지내도 우정이 변하지 않는답니다.
평소에 멀리 살던 친구가 오랜만에 찾아온다면 더없이 즐거울 거예요.

학이편
03

人不知而不慍이면 不亦君子乎아.
인부지이불온 불역군자호

남이 알아주지 않아도 화내지 않는다면
군자가 아니겠는가?

바르게 따라 써 보세요.

	남	이		알	아	주	지		않	아	도		화	내
지		않	는	다	면		군	자	가		아	니	겠	는
가	?													

아래 칸에 맞춰 써 보세요.

남이 알아주지 않아도 화내지 않는다면
군자가 아니겠는가?

내가 잘하는 것을 남이 알아주지 않는다고 속상한 적 있지 않나요?
군자는 스스로 확신이 있기 때문에 잘한 일에 남이 알아주지 않아도 속상하거나 화나지 않아요.

학이편

04

巧言令色이 鮮矣仁이니라.
교언영색 선의인

듣기 좋은 말과 아첨하는 얼굴을
하는 사람 중에는 어진 사람이 드물다.

바르게 따라 써 보세요.

	듣	기		좋	은		말	과		아	첨	하	는	
얼	굴	을		하	는		사	람		중	에	는		어
진		사	람	이		드	물	다	.					

아래 칸에 맞춰 써 보세요.

듣기 좋은 말과 아첨하는 얼굴을
하는 사람 중에는 어진 사람이 드물다.

상대방을 현혹시키기 위해 꾸미는 교묘한 말과 꾸민 얼굴빛을 '교언영색'이라고 해요.
교언영색 하는 사람은 속마음을 알 수 없기 때문에 진실함을 찾기 힘들어요.

학이편
05

吾日三省吾身하노니 爲人謀而不忠乎아 與朋友交而不信乎아 傳不習乎아니라.
오일삼성오신 위인모이불충호 여붕우교이불신호 전불습호

나는 날마다 세 가지를 반성한다.
일하면서 정성을 다하지 못했는가?
친구를 사귈 때 믿음을 지켰는가?
배운 것을 제대로 실천하였는가?

바르게 따라 써 보세요.

	나	는		날	마	다		세		가	지	를		반
성	한	다	.	일	하	면	서		정	성	을		다	하
지		못	했	는	가	?		친	구	를		사	귈	
때		믿	음	을		지	켰	는	가	?		배	운	
것	을		제	대	로		실	천	하	였	는	가	?	

아래 칸에 맞춰 써 보세요.

나는 날마다 세 가지를 반성한다.
일하면서 정성을 다하지 못했는가?
친구를 사귈 때 믿음을 지켰는가?
배운 것을 제대로 실천하였는가?

일을 할 때는 정성스럽게 해야 하고, 친구와의 약속과 믿음은 지켜야 하며,
또 배운 것은 익힌 것으로 그치지 않고 실천해야 함을 강조하는 말이에요.

학이편
06

道千乘之國하되 敬事而信이니라.
도천승지국 경사이신

나라를 다스릴 때는 맡은 일을 신중히 하고
사람들로부터 믿음을 얻어야 한다.

 바르게 따라 써 보세요.

	나	라	를		다	스	릴		때	는		맡	은	
일	을		신	중	히		하	고		사	람	들	로	부
터		믿	음	을		언	어	야		한	다	.		

 아래 칸에 맞춰 써 보세요.

나라를 다스릴 때는 맡은 일을 신중히 하고
사람들로부터 믿음을 얻어야 한다.

공자는 나라를 다스리는 사람은 무엇보다 신중해야 하고,
백성들의 신뢰를 잃지 않아야 한다고 말했어요.

학이편
07

無友不如己者요, 過則勿憚改니라.
무우불여기자　과즉물탄개

나보다 못한 사람을 친구로 삼지 말고
잘못이 있으면 고치기를 꺼리지 말라.

바르게 따라 써 보세요.

	나	보	다		못	한		사	람	을		친	구	로
삼	지		말	고		잘	못	이		있	으	면		고
치	기	를		꺼	리	지		말	라.					

아래 칸에 맞춰 써 보세요.

나보다 못한 사람을 친구로 삼지 말고
잘못이 있으면 고치기를 꺼리지 말라.

'나보다 못한 사람'은 외모나 능력이 아닌 성품이 어질지 못한 사람을 가리켜요.
또 잘못이 있으면 스스로 인정하고 고치는 것이 중요해요.

학이편 08

君子는 食無求飽하며 居無求安이니라.
군자 식무구포 거무구안

군자는 먹는 것에 대해 배부름을 구하지 않고
사는 곳에 대해 편안함을 구하지 않는다.

바르게 따라 써 보세요.

	군	자	는		먹	는		것	에		대	해		배
부	름	을		구	하	지		않	고		사	는		곳
에		대	해		편	안	함	을		구	하	지		않
는	다	.												

아래 칸에 맞춰 써 보세요.

군자는 먹는 것에 대해 배부름을 구하지 않고
사는 곳에 대해 편안함을 구하지 않는다.

물질에 욕심을 부리면 자신의 뜻을 포기하거나 더욱 소중한 것을 잃을 수도 있어요.
군자는 좋은 집에서 편히 먹고사는 것에 욕심을 부리지 않는다는 뜻이에요.

학이편
09

不患人之不己知요, 患不知人也니라.
불환인지불기지 환부지인야

남이 나를 알아주지 않는 것을 걱정하지 말고
내가 남을 알지 못하는 것을 걱정해야 한다.

바르게 따라 써 보세요.

남	이		나	를		알	아	주	지		않	는	
것	을		걱	정	하	지		말	고		내	가		남
을		알	지		못	하	는		것	을		걱	정	해
야		한	다	.										

아래 칸에 맞춰 써 보세요.

남이 나를 알아주지 않는 것을 걱정하지 말고
내가 남을 알지 못하는 것을 걱정해야 한다.

친구들이 나의 마음이나 실력을 인정해 주지 않는다고 속상해하지 마세요.
오히려 내가 친구들의 마음을 이해하고 상대방을 인정해 주었는지 되돌아보세요.

위정편
10

道之以政하고 齊之以刑이면 民免而無恥니라.
도지이정 제지이형 민면이무치

백성을 정치와 법으로만 다스리려 하면
백성은 형벌을 면하려고만 하고
부끄러워할 줄 모르게 된다.

바르게 따라 써 보세요.

	백	성	을		정	치	와		법	으	로	만		다
스	리	려		하	면		백	성	은		형	벌	을	
면	하	려	고	만		하	고		부	끄	러	워	할	
줄		모	르	게		된	다	.						

아래 칸에 맞춰 써 보세요.

백성을 정치와 법으로만 다스리려 하면
백성은 형벌을 면하려고만 하고
부끄러워할 줄 모르게 된다.

법과 형벌만으로 나라를 다스리면 벌을 받지 않으려고 신경 쓰느라 법을 어긴 것을 수치스럽게 여기거나 반성하는 것은 뒷전이 되지요. 나라를 다스릴 때는 '덕과 예'도 중요시해야 한다는 뜻이에요.

위정편
11

吾十有五而志于學하고 三十而立이니라.
오십유오이지우학 삼십이립

내 나이 열다섯 살에 학문에 뜻을 두었고
서른 살에는 뜻이 확고하게 섰다.

바르게 따라 써 보세요.

	내		나	이		열	다	섯		살	에		학	문
에		뜻	을		두	었	고		서	른		살	에	는
뜻	이		확	고	하	게		섰	다	.				

아래 칸에 맞춰 써 보세요.

내 나이 열다섯 살에 학문에 뜻을 두었고
서른 살에는 뜻이 확고하게 섰다.

공자가 자신의 일생을 돌아보며 나이마다 중요한 일을 짚어보았어요. 열다섯 살에는 평생 학문을 익히며 살겠다고 결심하고, 서른 살에는 모든 일을 스스로 할 수 있을 만큼 바로 섰어요.

위정편
12

四十而不惑하고 五十而知天命이니라.
사십이불혹 오십이지천명

마흔 살에 의심과 회의가 없어지고
쉰 살에는 하늘의 명을 알게 되었다.

바르게 따라 써 보세요.

	마	흔		살	에		의	심	과		회	의	가	
없	어	지	고		쉰		살	에	는		하	늘	의	
명	을		알	게		되	었	다	.					

아래 칸에 맞춰 써 보세요.

마흔 살에 의심과 회의가 없어지고
쉰 살에는 하늘의 명을 알게 되었다.

공자는 마흔 살이 된 뒤 다른 사람의 말에 흔들리지 않고 자신의 선택에 확신이 생겼다고 해요.
쉰 살에는 하늘의 명령, 즉 내가 세상에 태어난 이유에 대해 깨달았답니다.

위정편
13

六十而耳順하고 七十而從心所欲 不踰矩호라.
육십이이순 칠십이종심소욕 불유구

예순 살에 귀로 듣는 것을
모두 이해할 수 있게 되었고
일흔 살에는 마음이 하고 싶은 대로 좇아도
법도에 어긋나지 않았다.

바르게 따라 써 보세요.

	예	순		살	에		귀	로		듣	는		것	을
모	두		이	해	할		수		있	게		되	었	고
일	흔		살	에	는		마	음	이		하	고		싶
은		대	로		좇	아	도		법	도	에		어	긋
나	지		않	았	다	.								

아래 칸에 맞춰 써 보세요.

예순 살에 귀로 듣는 것을
모두 이해할 수 있게 되었고
일흔 살에는 마음이 하고 싶은 대로 좇아도
법도에 어긋나지 않았다.

공자는 예순 살부터 개인적인 감정에 치우치지 않고 말을 객관적으로 들을 수 있게 되었어요.
일흔 살에는 마음 닿는 대로 행동해서 잘못된 경우가 없을 만큼 법도가 있었다고 해요.

위정편

14

溫故而知新이면 可以爲師矣니라.
온고이지신 가이위사의

옛것을 연구하여 새것을 알아내면
스승이 될 만하다.

바르게 따라 써 보세요.

	옛	것	을		연	구	하	여		새	것	을		알
아	내	면		스	승	이		될		만	하	다	.	

아래 칸에 맞춰 써 보세요.

옛것을 연구하여 새것을 알아내면
스승이 될 만하다.

옛것을 익혀서 그것을 미루어 새로운 것을 아는 것을 '온고지신'이라고 해요.
조상들의 지혜가 담긴 옛것을 바탕으로 새로운 것을 만들어 낸다면 최고의 스승이라 할 수 있지요.

위정편
15

君子는 不器니라.
군자 불기

군자는 그릇처럼 한 가지 기능에 한정된 사람이 아니다.

바르게 따라 써 보세요.

군 자 는 그 릇 처 럼 한 가 지
기 능 에 한 정 된 사 람 이 아 니 다.

아래 칸에 맞춰 써 보세요.

군자는 그릇처럼 한 가지 기능에
한정된 사람이 아니다.

그릇은 음식을 담는 기능을 가지고 있어요. 그러나 군자는 그릇처럼 한 가지 기능에 머무르지 않고 여러 자리에서 두루 능력을 발휘하지요.

위정편
16

先行其言이요, 而後從之니라.
선행기언 이후종지

군자는 먼저 실천하고 난 다음에
말을 하는 사람이다.

바르게 따라 써 보세요.

	군	자	는		먼	저		실	천	하	고		난	
다	음	에		말	을		하	는		사	람	이	다	.

아래 칸에 맞춰 써 보세요.

군자는 먼저 실천하고 난 다음에
말을 하는 사람이다.

평소에 어떤 일을 계획할 때 말만 앞세우고 실천을 하지 못하는 경우가 있어요.
군자를 이를 염려해 먼저 실천하고 난 후에 말을 한답니다.

위정편
17

君子는 周而不比하고 小人은 比而不周니라.
군자 주이불비 소인 비이불주

군자는 두루 사귀면서 편을 가르지 않고
소인은 편을 가르면서 두루 사귀지 않는다.

바르게 따라 써 보세요.

	군	자	는		두	루		사	귀	면	서		편	을
가	르	지		않	고		소	인	은		편	을		가
르	면	서		두	루		사	귀	지		않	는	다	.

아래 칸에 맞춰 써 보세요.

군자는 두루 사귀면서 편을 가르지 않고
소인은 편을 가르면서 두루 사귀지 않는다.

여럿이 모이면 편을 가르며 자기끼리만 지내는 친구들이 있어요.
군자는 누구와도 친하게 지내면서 절대 편을 가르지 않는답니다.

위정편
18

學而不思則罔하고 思而不學則殆니라.
학이불사즉망 사이불학즉태

배우기만 하고 생각하지 않으면 남는 것이 없고
생각하기만 하고 배우지 않으면 위태롭다.

바르게 따라 써 보세요.

	배	우	기	만		하	고		생	각	하	지		않
으	면		남	는		것	이		없	고		생	각	하
기	만		하	고		배	우	지		않	으	면		위
태	롭	다	.											

아래 칸에 맞춰 써 보세요.

배우기만 하고 생각하지 않으면 남는 것이 없고
생각하기만 하고 배우지 않으면 위태롭다.

수업은 듣는 걸로 만족하지 않고 배운 것을 내 것으로 만들어야 해요.
반대로 배우지 않고 생각만 하면 공상에 빠지니 쉬워서 그 또한 위태로워요.

위정편
19

知之爲知之요, 不知爲不知 是知也니라.
지지위지지 부지위부지 시지야

아는 것은 안다고 하고
모르는 것은 모른다고 하는 것,
이것이 바로 아는 것이다.

바르게 따라 써 보세요.

	아	는		것	은		안	다	고		하	고		모
르	는		것	은		모	른	다	고		하	는		것,
이	것	이		바	로		아	는		것	이	다.		

아래 칸에 맞춰 써 보세요.

아는 것은 안다고 하고
모르는 것은 모른다고 하는 것,
이것이 바로 아는 것이다.

내가 아는 것과 모르는 것을 구별하는 것이 '아는 것'이랍니다.
아는 것은 잊지 않도록 노력하고 모르는 것은 끊임없이 익히면 돼요.

위정편 **20**

人而無信이면 不知其可也로라.

인이무신 부지기가야

사람에게 믿음이 없으면
무엇을 할 수 있겠는가?

바르게 따라 써 보세요.

	사	람	에	게		믿	음	이		없	으	면		무
엇	을		할		수		있	겠	는	가	?			

아래 칸에 맞춰 써 보세요.

사람에게 믿음이 없으면
무엇을 할 수 있겠는가?

사람에게 중요한 것은 아름다운 외모도, 부귀도 아니에요.
사람 사이에는 믿음이 있어야만 마음을 나누며 더불어 지낼 수 있어요.

팔일편
21

人而不仁이면 如禮何며 人而不仁이면 如樂何리오.
인이불인 여례하 인이불인 여악하

사람으로서 어질지 못하면
예를 지킨들 무엇하겠는가?
사람으로서 어질지 못하면
음악을 한들 무엇하겠는가?

바르게 따라 써 보세요.

	사	람	으	로	서		어	질	지		못	하	면	
예	를		지	킨	들		무	엇	하	겠	는	가	?	
사	람	으	로	서		어	질	지		못	하	면		음
악	을		한	들		무	엇	하	겠	는	가	?		

아래 칸에 맞춰 써 보세요.

사람으로서 어질지 못하면
예를 지킨들 무엇하겠는가?
사람으로서 어질지 못하면
음악을 한들 무엇하겠는가?

공자는 남을 사랑하고 어질게 행동하는 인(仁)을 중요시했어요. 인이 없이 예의를 지키고 음악을 하는 등 겉모습만 치장하는 것은 아무 소용이 없다는 뜻이에요.

팔일편
22

禮는 與其奢也론 寧儉이니라.
예 여기사야 영검

예는 사치하기보다
차리리 검소한 것이 낫다.

바르게 따라 써 보세요.

	예	는		사	치	하	기	보	다		차	라	리	
검	소	한		것	이		낫	다	.					

아래 칸에 맞춰 써 보세요.

예는 사치하기보다
차라리 검소한 것이 낫다.

예의를 차린다고 사치스러운 선물을 주면 상대방도 부담스러워해요.
존경을 표현할 때는 사치스럽지 않고 검소하게 하는 것이 좋아요.

팔일편 23

喪은 與其易也론 寧戚이니라.
상 여기이야 영척

상을 치를 때는 형식을 갖추는 것보다
차라리 슬퍼해야 한다.

바르게 따라 써 보세요.

	상	을		치	를		때	는		형	식	을		갖
추	는		것	보	다		차	라	리		슬	퍼	해	야
한	다	.												

아래 칸에 맞춰 써 보세요.

상을 치를 때는 형식을 갖추는 것보다
차라리 슬퍼해야 한다.

장례를 치를 때에는 절차가 복잡하지만, 이러한 형식에 얽매이지 않고
마음이 시키는 대로 슬퍼해도 예의에 벗어나지 않는다는 말이에요.

팔일편
24

成事라 不說하며 遂事라 不諫하며 旣往이라 不咎로다.
성사 불설 수사 불간 기왕 불구

이미 이루어진 일은 논하지 말고
이미 끝난 일은 따지지 말며
이미 지나간 일은 탓하지 않는다.

바르게 따라 써 보세요.

	이	미		이	루	어	진		일	은		논	하	지
말	고		이	미		끝	난		일	은		따	지	지
말	며		이	미		지	나	간		일	은		탓	하
지		않	는	다	.									

아래 칸에 맞춰 써 보세요.

이미 이루어진 일은 논하지 말고
이미 끝난 일은 따지지 말며
이미 지나간 일은 탓하지 않는다.

바라던 일이 잘 이루어지지 않으면 자꾸 되돌아보며 후회하고 아쉬움이 남기 마련이에요.
공자는 지나간 일에 집착하지 말고 앞으로의 일에 더욱 매진하라고 했어요.

이인편
25

里仁이 爲美하니 擇不處仁이면 焉得知리오.
이인 위미 택불처인 언득지

인심이 어진 마을에 사는 것이 아름다우니 어질지 못한 곳에 산다면 어찌 지혜롭다 하겠는가?

바르게 따라 써 보세요.

	인	심	이		어	진		마	을	에		사	는	
것	이		아	름	다	우	니		어	질	지		못	한
곳	에		산	다	면		어	찌		지	혜	롭	다	
하	겠	는	가	?										

아래 칸에 맞춰 써 보세요.

인심이 어진 마을에 사는 것이 아름다우니
어질지 못한 곳에 산다면
어찌 지혜롭다 하겠는가?

사는 곳에 따라 환경이 달라요. 공자는 어진 곳에 살아야 한다고 했어요.
어진 곳은 사람 사이에 예와 의를 알고 배움의 의지가 있는 곳이에요.

이인편 **26**

不仁者는 不可以久處約이며 不可以長處樂이니라.

불인자 불가이구처약 불가이장처락

어질지 못한 사람은 오랫동안
가난하게 지내지 못하고
즐거움도 오래 누리지 못한다.

바르게 따라 써 보세요.

	어	질	지		못	한		사	람	은		오	랫	동
안		가	난	하	게		지	내	지		못	하	고	
즐	거	움	도		오	래		누	리	지		못	한	다.

아래 칸에 맞춰 써 보세요.

어질지 못한 사람은 오랫동안
가난하게 지내지 못하고
즐거움도 오래 누리지 못한다.

어질지 못한 사람은 온갖 수단으로 가난에서 벗어나려 하고, 쉽게 누릴 수 있는 즐거움을 좋아해요. 반면 어진 사람은 묵묵히 나아가며 가난도 참고 견딜 수 있고 오랫동안 즐거움을 누릴 줄 알아요.

이인편
27

惟仁者라야 能好人하며 能惡人이니라.
유인자 능호인 능오인

오로지 어진 사람만이 남을 좋아할 수 있고
남을 미워할 수도 있다.

바르게 따라 써 보세요.

	오	로	지		어	진		사	람	만	이		남	을
좋	아	할		수		있	고		남	을		미	워	할
수	도		있	다	.									

아래 칸에 맞춰 써 보세요.

오로지 어진 사람만이 남을 좋아할 수 있고
남을 미워할 수도 있다.

마음이 바르고 올곧으면 누군가를 좋아하고 미워할 때도
한쪽으로 치우치지 않고 제대로 좋아하고 미워할 수 있어요.

이인편
28

富與貴 是人之所欲也나 不以其로 道得之어든 不處也하라.
부여귀 시인지소욕야 불이기 도득지 불처야

부귀는 사람들이 모두 바라는 것이지만
정당하게 얻는 것이 아니면 누리지 말라.

바르게 따라 써 보세요.

	부	귀	는		사	람	들	이		모	두		바	라
는		것	이	지	만		정	당	하	게		얻	는	
것	이		아	니	면		누	리	지		말	라	.	

아래 칸에 맞춰 써 보세요.

부귀는 사람들이 모두 바라는 것이지만
정당하게 얻는 것이 아니면 누리지 말라.

부귀를 누리고 싶은 마음은 사람이면 누구나 가지고 있지요.
하지만 옳지 않은 방법으로 얻은 부와 명예는 취하지 말라는 뜻이에요.

이인편
29

惡不仁者는 其爲仁矣이니라.
오불인자 기위인의

불인을 미워하는 것도
인을 행하는 것이다.

바르게 따라 써 보세요.

불	인	을		미	워	하	는		것	도		인	을
행	하	는		것	이	다	.						

아래 칸에 맞춰 써 보세요.

불인을 미워하는 것도
인을 행하는 것이다.

인(仁)은 남을 사랑하고 어질게 행동하는 것이고, 불인(不仁)은 그렇지 못한 생각과 행동을 말해요. 불인을 멀리하는 것도 인을 행하는 것과 같다는 뜻이에요.

이인편
30

朝聞道면 夕死라도 可矣니라.
조문도 석사 가의

아침에 도를 들어 알게 된다면
저녁에 죽어도 여한이 없다.

바르게 따라 써 보세요.

	아	침	에		도	를		들	어		알	게		된
다	면		저	녁	에		죽	어	도		여	한	이	
없	다	.												

아래 칸에 맞춰 써 보세요.

아침에 도를 들어 알게 된다면
저녁에 죽어도 여한이 없다.

도(道)는 사람이 마땅히 지켜야 할 도리를 말해요. 공자는 죽어도 여한이 없을 정도로 도를 듣고 깨닫는 것을 중요시했답니다.

이인편
31

君子는 懷德하고 小人은 懷土하며 君子는 懷刑하고 小人은 懷惠니라.
군자 회덕 소인 회토 군자 회형 소인 회혜

군자는 덕을 생각하지만
소인은 편하게 머물 곳을 생각하며
군자는 법을 생각하지만
소인은 혜택 받기를 생각한다.

바르게 따라 써 보세요.

	군	자	는		덕	을		생	각	하	지	만		소
인	은		편	하	게		머	물		곳	을		생	각
하	며		군	자	는		법	을		생	각	하	지	만
소	인	은		혜	택		받	기	를		생	각	한	다.

아래 칸에 맞춰 써 보세요.

군자는 덕을 생각하지만
소인은 편하게 머물 곳을 생각하며
군자는 법을 생각하지만
소인은 혜택 받기를 생각한다.

군자는 인격이 훌륭한 사람이고 소인은 자신의 이익을 앞세우는 사람이에요.
군자는 덕과 법을 생각하지만 소인은 저지른 잘못에도 용서받기를 원해요.

이인편
32

放於利而行이면 多怨이니라.
방어리이행 다원

이익에 따라 행동하면
원망도 많아진다.

바르게 따라 써 보세요.

	이	익	에		따	라		행	동	하	면		원	망
도		많	아	진	다	.								

아래 칸에 맞춰 써 보세요.

이익에 따라 행동하면
원망도 많아진다.

자신의 이익만 따져 행동하는 사람은 주변 친구들에게 미움을 사게 돼요.
가끔은 손해를 보더라도 친구들과 더불어 지내는 게 중요해요.

이인편

33

不患無位요, 患所以立이니라.
불환무위 환소이립

지위가 없음을 걱정하지 말고
그 자리에 설 수 있는
능력이 있는지를 걱정해야 한다.

바르게 따라 써 보세요.

	지	위	가		없	음	을		걱	정	하	지		말
고		그		자	리	에		설		수		있	는	
능	력	이		있	는	지	를		걱	정	해	야		한
다	.													

아래 칸에 맞춰 써 보세요.

지위가 없음을 걱정하지 말고
그 자리에 설 수 있는
능력이 있는지를 걱정해야 한다.

반장이나 회장 같은 자리에 오르지 못했다고 속상해한 적이 있나요?
낙선한 것만 생각하지 말고 왜 낙선했는지, 나에게 어떤 능력이 필요한지 생각해 보세요.

이인편
34

不患莫己知요, 求爲可知也니라.
불환막기지 구위가지야

남이 자신을 알아주지 않음을 걱정하지 말고
남이 알 만한 사람이 되기를 노력해야 한다.

바르게 따라 써 보세요.

	남	이		자	신	을		알	아	주	지		않	음
을		걱	정	하	지		말	고		남	이		알	
만	한		사	람	이		되	기	를		노	력	해	야
한	다	.												

아래 칸에 맞춰 써 보세요.

남이 자신을 알아주지 않음을 걱정하지 말고
남이 알 만한 사람이 되기를 노력해야 한다.

내 능력을 친구들이 알아주지 않는다고 서운해하지 마세요. 주변에서 자연스럽게
자신의 능력을 인정할 만한 사람이 되도록 스스로 능력을 갖추는 데 노력해야 해요.

이인편
35

見賢思齊焉하며 見不賢而內自省也니라.
견현사제언 견불현이내자성야

어진 사람을 보면
그 사람과 같아지기를 생각하고
어질지 못한 사람을 보면
자신도 그렇지 않은지 반성해야 한다.

바르게 따라 써 보세요.

	어	진		사	람	을		보	면		그		사	람
과		같	아	지	기	를		생	각	하	고		어	질
지		못	한		사	람	을		보	면		자	신	도
그	렇	지		않	은	지		반	성	해	야		한	다.

아래 칸에 맞춰 써 보세요.

어진 사람을 보면
그 사람과 같아지기를 생각하고
어질지 못한 사람을 보면
자신도 그렇지 않은지 반성해야 한다.

바른 사람에게서는 말과 행동을 두루 배우고
바르지 못한 사람에게서는 스스로 돌아보며 반성해야 할 것을 배울 수 있어요.

이인편
36

父母在어시든 不遠遊하며 遊必有方이니라.
부모재 불원유 유필유방

부모가 살아 계실 때에는
멀리 놀러 가지 않아야 하며
가더라도 갈 곳을 알려 드려야 한다.

바르게 따라 써 보세요.

	부	모	가		살	아		계	실		때	에	는	
멀	리		놀	러		가	지		않	아	야		하	며
가	더	라	도		갈		곳	을		알	려		드	려
야		한	다	.										

아래 칸에 맞춰 써 보세요.

부모가 살아 계실 때에는
멀리 놀러 가지 않아야 하며
가더라도 갈 곳을 알려 드려야 한다.

부모님께 가장 큰 효도는 걱정을 끼치지 않는 거예요.
만약 멀리 가야 할 때는 미리 장소를 알려서 걱정하지 않게 해야 해요.

이인편 37

古者에 言之不出은 恥躬之不逮也니라.
고자 언지불출 치궁지불체야

옛사람들이 함부로 말하지 않았던 것은
행동이 따르지 못할 것을 부끄러워했기 때문이다.

바르게 따라 써 보세요.

	옛	사	람	들	이		함	부	로		말	하	지	
않	았	던		것	은		행	동	이		따	르	지	
못	할		것	을		부	끄	러	워	했	기		때	문
이	다	.												

아래 칸에 맞춰 써 보세요.

옛사람들이 함부로 말하지 않았던 것은
행동이 따르지 못할 것을 부끄러워했기 때문이다.

함부로 말하지 않는 이유는 이것저것 말을 많이 할수록 실천하기 어렵기 때문이에요.
말을 할 때는 실천할 수 있는지 신중하게 생각한 후에 말하는 습관을 길러야 해요.

이인편

38

以約 失之者 鮮矣니라.
이약 실지자 선의

함부로 행동하지 않는 사람은
잃는 것이 적다.

바르게 따라 써 보세요.

	함	부	로		행	동	하	지		않	는		사	람
은		잃	는		것	이		적	다	.				

아래 칸에 맞춰 써 보세요.

함부로 행동하지 않는 사람은
잃는 것이 적다.

논어에서는 말과 행동에 대해서 자주 조언하고 있어요. 그만큼 말과 행동을 중요시하는 것인데, 함부로 행동하지 않고 절제하는 습관으로 손해를 보는 경우는 드물어요.

이인편

39

德不孤라 必有隣이니라.
덕불고 필유린

덕이 있는 사람은 외롭지 않고
반드시 이웃이 있다.

바르게 따라 써 보세요.

	덕	이		있	는		사	람	은		외	롭	지	
않	고		반	드	시		이	웃	이		있	다	.	

아래 칸에 맞춰 써 보세요.

덕이 있는 사람은 외롭지 않고
반드시 이웃이 있다.

친구들이 유난히 잘 따르는 사람이 있어요.
덕이 있고 지혜로운 사람은 주변 사람들이 따르기 마련이에요.

이인편
40

事君數이면 斯辱矣요, 朋友數이면 斯疏矣니라.
사군삭 사욕의 붕우삭 사소의

임금을 섬길 때 자주 충고하면 욕을 당하고
친구 사이라도 자주 충고하면 멀어진다.

바르게 따라 써 보세요.

	임	금	을		섬	길		때		자	주		충	고
하	면		욕	을		당	하	고		친	구		사	이
라	도		자	주		충	고	하	면		멀	어	진	다.

아래 칸에 맞춰 써 보세요.

임금을 섬길 때 자주 충고하면 욕을 당하고
친구 사이라도 자주 충고하면 멀어진다.

임금에게도 충고를 하는 신하가 있다면 어진 임금은 고마워할 거예요.
하지만 임금도, 친구도 충고가 지나치면 멀리 하고 싶을지도 몰라요.

공야장편
41

子路는 有聞이요, 未之能行하여서 唯恐有聞하더라.
자로 유문 미지능행 유공유문

자로는 가르침을 들으면 그것을 실천하기 전에
다른 가르침을 들을까 걱정하였다.

바르게 따라 써 보세요.

	자	로	는		가	르	침	을		들	으	면		그
것	을		실	천	하	기		전	에		다	른		가
르	침	을		들	을	까		걱	정	하	였	다	.	

아래 칸에 맞춰 써 보세요.

자로는 가르침을 들으면 그것을 실천하기 전에
다른 가르침을 들을까 걱정하였다.

용맹하기로 알려진 자로는 공자에게 교훈을 들으면 곧장 실천하려고 했어요.
그것을 실천하기 전에 새로운 교훈 듣기를 걱정했던 자로처럼 교훈은 실천하는 것이 중요해요.

공야장편
42

有君子之道四焉하니 其行己也恭하며 其事上也敬하며 其養民也惠하며 其使民也義니라.
유군자지도사언 기행기야공 기사상야경 기양민야혜 기사민야의

군자는 네 가지 자격이 있으니
몸가짐을 공손하고 윗사람을 공경하며
백성을 다스리는 데 은혜롭고
백성을 부리는 데 의롭게 해야 한다.

바르게 따라 써 보세요.

	군	자	는		네		가	지		자	격	이		있
으	니		몸	가	짐	을		공	손	하	고		윗	사
람	을		공	경	하	며		백	성	을		다	스	리
는		데		은	혜	롭	고		백	성	을		부	리
는		데		의	롭	게		해	야		한	다	.	

아래 칸에 맞춰 써 보세요.

군자는 네 가지 자격이 있으니
몸가짐을 공손하고 윗사람을 공경하며
백성을 다스리는 데 은혜롭고
백성을 부리는 데 의롭게 해야 한다.

군자의 네 가지 자격이 그렇듯이 나라를 다스리고, 사람을 다스리는 사람은
언제나 몸을 낮추어 공손하고 의로워야 해요.

공야장편
43

再斯可矣니라.
재사가의

세 번은 지나치다.
두 번이면 족하다.

바르게 따라 써 보세요.

	세		번	은		지	나	치	다	.	두		번	이
면		족	하	다	.									

아래 칸에 맞춰 써 보세요.

세 번은 지나치다.
두 번이면 족하다.

여러 번 생각하면 소소한 잡념이 생기고 그러다 보면 용기를 잃기 때문에 두 번 생각하고 실천에 옮겨야 한다는 공자의 말씀이에요.

공야장편

44

已矣乎라 吾未見能見其過而內自訟者也로다.
이의호 오미견능견기과이내자송자야

자신의 허물을 보고
마음속으로 자신을 꾸짖는 사람을
보지 못하였으니 안타까운 일이다.

바르게 따라 써 보세요.

	자	신	의		허	물	을		보	고		마	음	속
으	로		자	신	을		꾸	짖	는		사	람	을	
보	지		못	하	였	으	니		안	타	까	운		일
이	다	.												

아래 칸에 맞춰 써 보세요.

자신의 허물을 보고
마음속으로 자신을 꾸짖는 사람을
보지 못하였으니 안타까운 일이다.

잘못을 하고도 반성할 줄 모르는 시대를 공자는 안타까워했어요.
항상 자신을 돌아보며 반성하고 허물을 고치라는 뜻이 담겨 있어요.

옹야편
45

力不足者는 中道而廢하나니 今女는 畫이로다.
역부족자 중도이폐 금여 획

힘이 부족한 사람은
도중에 가서 그만두게 되는데
지금 너는 스스로 한계를 긋고 있구나.

바르게 따라 써 보세요.

힘이 부족한 사람은 도중에
가서 그만두게 되는데 지금
너는 스스로 한계를 긋고 있
구나.

아래 칸에 맞춰 써 보세요.

힘이 부족한 사람은
도중에 가서 그만두게 되는데
지금 너는 스스로 한계를 긋고 있구나.

힘이 부족한 사람은 의지와 상관없이 일하는 도중에 쓰러지게 돼요.
하지만 해 보기도 전에 할 수 없을 거라는 생각은 미리 한계를 짓는 거랍니다.

옹야편

46

人之生也直하니 罔之生也는 幸而免이니라.
인지생야직 망지생야 행이면

사람은 정직하게 살아야 한다.
그렇지 않은 삶은 요행히 화나 면하는 것이다.

바르게 따라 써 보세요.

	사	람	은		정	직	하	게		살	아	야		한
다	.	그	렇	지		않	은		삶	은		요	행	히
화	나		면	하	는		것	이	다	.				

아래 칸에 맞춰 써 보세요.

사람은 정직하게 살아야 한다.
그렇지 않은 삶은 요행히 화나 면하는 것이다.

뿌린 만큼, 노력한 만큼 거두는 것이 인생이에요.
뿌린 것보다 많이 거두는 사람이 있다면 그것은 간혹 있는 '운'일 뿐이에요.

옹야편
47

知之者 不如好之者요, 好之者 不如樂之者니라.
지지자 불여호지자 호지자 불여락지자

아는 것은 그것을 좋아하는 것만 못하고
좋아하는 것은 그것을 즐기는 것만 못하다.

 **바르게 따라 써 보세요.**

아는 것은 그것을 좋아하는
것만 못하고 좋아하는 것은
그것을 즐기는 것만 못하다.

 **아래 칸에 맞춰 써 보세요.**

아는 것은 그것을 좋아하는 것만 못하고
좋아하는 것은 그것을 즐기는 것만 못하다.

무엇인가를 배우다 보면 좋아하게 되고, 거기에 빠져들면 즐기게 되는 경지에 이르러요.
잘 아는 사람, 좋아하는 사람, 즐기는 사람 중에 최고는 '즐기는 사람'이라고 해요.

옹야편
48

智者는 樂水하고 仁者는 樂山이니라.
지자 요수 인자 요산

지혜로운 사람은 물을 좋아하고
어진 사람은 산을 좋아한다.

바르게 따라 써 보세요.

	지	혜	로	운		사	람	은		물	을		좋	아
하	고		어	진		사	람	은		산	을		좋	아
한	다.													

아래 칸에 맞춰 써 보세요.

지혜로운 사람은 물을 좋아하고
어진 사람은 산을 좋아한다.

물은 순리를 뜻해서 지혜로운 사람은 순리대로 흐르는 물을 좋아할 거라는 이야기예요.
덕이 많은 어진 사람은 풀과 나무, 열매가 있는 넉넉한 산을 좋아할 거예요.

술이편
49

不憤이어든 不啓하며 不悱어든 不發이니라.
불분 불계 불비 불발

배우려는 열의가 없으면 이끌어 주지 않고
표현하려고 애쓰지 않으면
깨닫도록 알려 주지 않는다.

바르게 따라 써 보세요.

	배	우	려	는		열	의	가		없	으	면		이
끌	어		주	지		않	고		표	현	하	려	고	
애	쓰	지		않	으	면		깨	닫	도	록		알	려
주	지		않	는	다.									

아래 칸에 맞춰 써 보세요.

배우려는 열의가 없으면 이끌어 주지 않고
표현하려고 애쓰지 않으면
깨닫도록 알려 주지 않는다.

공자는 제자 중에 배우고자 하는 마음이 없으면 이끌어 주지 않았다고 해요.
배울 때는 열의를 가지고 스승에게 궁금한 것을 질문해야 발전이 있답니다.

술이편
50

不義而富且貴는 於我에 如浮雲이니라.
불의이부차귀 어아 여부운

의롭지 않은 부귀를 누리는 것은
나에게 뜬구름과 같은 것이다.

바르게 따라 써 보세요.

	의	롭	지		않	은		부	귀	를		누	리	는
것	은		나	에	게		뜬	구	름	과		같	은	
것	이	다	.											

아래 칸에 맞춰 써 보세요.

의롭지 않은 부귀를 누리는 것은
나에게 뜬구름과 같은 것이다.

정당하지 않은 방법으로 부귀를 누리는 것은 뜬구름과 같아서
손에 금방 잡히고 오래 머물 것 같지만 순식간에 사라져 버린답니다.

술이편
51

三人行에 必有我師焉이니라.
삼인행 필유아사언

세 사람이 길을 가면
그중에 반드시 스승이 될 만한
사람이 있기 마련이다.

바르게 따라 써 보세요.

	세		사	람	이		길	을		가	면		그	중
에		반	드	시		스	승	이		될		만	한	
사	람	이		있	기		마	련	이	다	.			

아래 칸에 맞춰 써 보세요.

세 사람이 길을 가면
그중에 반드시 스승이 될 만한
사람이 있기 마련이다.

선한 사람과 함께하면 그 선함을 배워요. 만약 선하지 못한 사람과 함께하더라도 하지 말아야 할 행동을 보고 스스로 자제하게 되니 또한 스승이라 할 수 있지요.

술이편
52

子는 釣而不網하시며 弋不射宿이러시다.
자 조이불망 익불석숙

낚시는 하되 그물은 쓰지 않았고
활은 쏘되 잠자는 새는 잡지 않았다.

바르게 따라 써 보세요.

	낚	시	는		하	되		그	물	은		쓰	지	
않	았	고		활	은		쏘	되		잠	자	는		새
는		잡	지		않	았	다	.						

아래 칸에 맞춰 써 보세요.

낚시는 하되 그물은 쓰지 않았고
활은 쏘되 잠자는 새는 잡지 않았다.

공자는 낚시를 할 때도 꼭 필요한 양만 잡기 위해 그물을 쓰지 않았어요.
또한 사냥에서도 도리가 무엇인지 고민했기 때문에 도망갈 수 없는 잠자는 새는 잡지 않았다고 해요.

술이편

53

我欲仁이면 斯仁이 至矣니라.
아욕인 사인 지의

내가 인을 실천하고자 하면
곧 인에 이르게 된다.

바르게 따라 써 보세요.

	내	가		인	을		실	천	하	고	자		하	면
곧		인	에		이	르	게		된	다	.			

아래 칸에 맞춰 써 보세요.

내가 인을 실천하고자 하면
곧 인에 이르게 된다.

'꿈은 이루어진다!'라는 말과 비슷해요. 마음먹은 일이 생각만큼 쉽게 이루어지지 않지만, 어진 사람이 되고자 실천을 아끼지 않는다면 어느새 어진 사람이 되어 있을 거예요.

술이편

54

奢則不孫하고 儉則固니라.
사즉불손 검즉고

사치스러우면 공손함을 잃게 되고
검소하면 고루해지기 쉽다.

바르게 따라 써 보세요.

	사	치	스	러	우	면		공	손	함	을		잃	게
되	고		검	소	하	면		고	루	해	지	기		쉽
다	.													

아래 칸에 맞춰 써 보세요.

사치스러우면 공손함을 잃게 되고
검소하면 고루해지기 쉽다.

사치스러우면 남들 앞에서 공손함을 잃고 자만하게 돼요. 반대로 너무 아끼고 검소해도 새로운 것을 잘 받아들이지 않고 고루한 성격이 되기 쉬워요.

술이편
55

與其不孫也론 寧固니라.
여기불손야 영고

공손함을 잃기보다
차라리 고루한 것이 낫다.

 **바르게 따라 써 보세요.**

공	손	함	을		잃	기	보	다		차	라	리	
고	루	한		것	이		낫	다.					

 **아래 칸에 맞춰 써 보세요.**

공손함을 잃기보다
차라리 고루한 것이 낫다.

사치스러우면 공손함을 잃기 쉽고, 너무 검소하면 고루한 성격이 되지 쉽지만
그중 하나만 선택한다면 사치스러움보다 고루한 것이 낫다는 말이에요.

태백편

56

不在其位하여는 不謀其政이니라.
부재기위　　　　　불모기정

그 직위에 있지 않다면
그 자리와 관련한 일을 논하지 말라.

바르게 따라 써 보세요.

	그		직	위	에		있	지		않	다	면		그
자	리	와		관	련	한		일	을		논	하	지	
말	라	.												

아래 칸에 맞춰 써 보세요.

그 직위에 있지 않다면
그 자리와 관련한 일을 논하지 말라.

그 직위와 자리에 있는 사람이 다른 사람보다 관련한 일을 잘 알고 있지요.
겉으로 보이는 모습만으로 다른 사람의 일에 함부로 참견하지 말라는 뜻이에요.

태백편
57

狂而不直하며 侗而不愿하며 悾悾而不信을 吾不知之矣로라.
광이부직 동이불원 공공이불신 오부지지의

열정이 높지만 정직하지 않고
미련하면서 끈기가 없고
무능하면서 신의가 없는 사람은
나도 어찌할 수가 없다.

바르게 따라 써 보세요.

	열	정	이		높	지	만		정	직	하	지		않
고		미	련	하	면	서		끈	기	가		없	고	
무	능	하	면	서		신	의	가		없	는		사	람
은		나	도		어	찌	할		수	가		없	다.	

아래 칸에 맞춰 써 보세요.

열정이 높지만 정직하지 않고
미련하면서 끈기가 없고
무능하면서 신의가 없는 사람은
나도 어찌할 수가 없다.

공자는 이와 같은 사람은 제자로 받아들이지 않았어요. 열정은 있지만 정직하지 않고, 신중하지 않고 끈기가 없는 사람, 무식하면서 믿을 만하지도 않는 사람을 짚었어요.

태백편
58

學如不及이요, 猶恐失之니라.
학여불급 유공실지

배움은 닿지 못하는 것처럼 안타까워해야 하며
오히려 잃어버릴까 두려워해야 한다.

바르게 따라 써 보세요.

	배	움	은		닿	지		못	하	는		것	처	럼
안	타	까	워	해	야		하	며		오	히	려		잃
어	버	릴	까		두	려	워	해	야		한	다	.	

아래 칸에 맞춰 써 보세요.

배움은 닿지 못하는 것처럼 안타까워해야 하며
오히려 잃어버릴까 두려워해야 한다.

배움의 자세는 손에 닿을 듯 닿지 않는 간절함이 있어야 해요.
또 배운 것은 잊지 않도록 노력하고 집중해야 한답니다.

자한편
59

苗而不秀者 有矣夫며 秀而不實者 有矣夫인저.
묘이불수자 유의부 수이불실자 유의부

싹은 낫어도 꽃을 피우지 못한 것이 있고
꽃을 피우고도 열매를 맺지 못한 것도 있다.

바르게 따라 써 보세요.

	싹	은		낫	어	도		꽃	을		피	우	지	
못	한		것	이		있	고		꽃	을		피	우	고
도		열	매	를		맺	지		못	한		것	도	
있	다	.												

아래 칸에 맞춰 써 보세요.

싹은 낫어도 꽃을 피우지 못한 것이 있고
꽃을 피우고도 열매를 맺지 못한 것도 있다.

사람도 식물과 마찬가지로 어떤 일을 시작해서 모두가 꽃을 피우는 것은 아니에요.
시작은 했지만 절정에 이르지 못하고, 절정은 맞았지만 결실을 맺지 못하는 경우도 있어요.

자한편

60

三軍은 可奪帥也어니와 匹夫는 不可奪志也니라.
삼군 가탈수야 필부 불가탈지야

대군의 장수는 빼앗을 수 있어도
한 사람의 뜻은 꺾을 수 없다.

바르게 따라 써 보세요.

	대	군	의		장	수	는		빼	앗	을		수	
있	어	도		한		사	람	의		뜻	은		꺾	을
수		없	다	.										

아래 칸에 맞춰 써 보세요.

대군의 장수는 빼앗을 수 있어도
한 사람의 뜻은 꺾을 수 없다.

사람에게서 그의 신념을 꺾는 것보다 거대한 군대를 무찌르는 것이 쉽다는 뜻이에요.
이처럼 사람이 마음먹는 뜻은 강제로 바꿀 수 없답니다.

자한편 61

歲寒然後에 知松柏之後彫也니라.
세한연후 지송백지후조야

날씨가 추워진 다음에야
소나무와 잣나무가 뒤늦게 시듦을 알 수 있다.

바르게 따라 써 보세요.

	날	씨	가		추	워	진		다	음	에	야		소
나	무	와		잣	나	무	가		뒤	늦	게		시	듦
을		알		수		있	다	.						

아래 칸에 맞춰 써 보세요.

날씨가 추워진 다음에야
소나무와 잣나무가 뒤늦게 시듦을 알 수 있다.

차가운 날씨는 어려운 시기를 뜻하고 소나무와 잣나무는 늘푸른나무로 한결같은 충절과 우정을 뜻하기도 해요. 진심과 가식은 어려운 시기를 겪을 때 가늠할 수 있답니다.

자한편
62

知者不惑하고 仁者不憂하고 勇者不懼니라.
지자불혹 인자불우 용자불구

지혜로운 사람은 미혹되지 않고
어진 사람은 근심하지 않으며
용기 있는 사람은 두려워하지 않는다.

바르게 따라 써 보세요.

	지	혜	로	운		사	람	은		미	혹	되	지	
않	고		어	진		사	람	은		근	심	하	지	
않	으	며		용	기		있	는		사	람	은		두
려	워	하	지		않	는	다	.						

아래 칸에 맞춰 써 보세요.

지혜로운 사람은 미혹되지 않고
어진 사람은 근심하지 않으며
용기 있는 사람은 두려워하지 않는다.

하지 말아야 할 말과 행동에 마음이 흔들리는 것을 '미혹'이라고 해요.
지혜로운 사람은 미혹되지 않으며, 용기 있는 사람은 비겁하지 않고 두려워하지 않아요.

향당편
63

食不語하시며 寢不言이러시다.
식불어 침불언

음식을 먹을 때는 말하지 않고
잠자리에서도 말하지 않는다.

바르게 따라 써 보세요.

	음	식	을		먹	을		때	는		말	하	지	
않	고		잠	자	리	에	서	도		말	하	지		않
는	다	.												

아래 칸에 맞춰 써 보세요.

음식을 먹을 때는 말하지 않고
잠자리에서도 말하지 않는다.

음식을 먹을 때는 꼭꼭 씹어서 먹어야 건강해요. 잠자리에서도 말을 하다 보면 깊은 잠을 잘 수 없지요. 잘 먹고 잘 자는 것에 집중하라는 공자의 가르침이에요.

향당편
64

席不正이어든 不坐러시다.
석부정 부좌

자리가 바르지 않으면
앉지 않았다.

바르게 따라 써 보세요.

	자	리	가		바	르	지		않	으	면		앉	지
않	았	다	.											

아래 칸에 맞춰 써 보세요.

자리가 바르지 않으면
앉지 않았다.

공자는 자리가 단정하게 정리된 곳에만 앉았다고 해요.
바른 마음은 바른 몸가짐에서 나오기 때문이에요.

선진편
65

未知生이면 焉知死리오.
미지생 언지사

아직 삶도 모르는데
어찌 죽음을 알겠는가?

바르게 따라 써 보세요.

	아	직		삶	도		모	르	는	데		어	찌	
죽	음	을		알	겠	는	가	?						

아래 칸에 맞춰 써 보세요.

아직 삶도 모르는데
어찌 죽음을 알겠는가?

공자의 제자인 자로가 귀신 섬기는 것과 죽음에 대해 묻자,
공자는 죽은 다음의 세계보다 현실의 삶에 충실하라고 조언했어요.

선진편

66

論篤을 是與면 君子者乎아 色莊者乎아.

논독 시여 군자자호 색장자호

말이 독실한 것만으로는
실제로 그가 군자인지
외모만 장엄한 사람인지
어찌 알 수 있겠는가?

바르게 따라 써 보세요.

	말	이		독	실	한		것	만	으	로	는		실
제	로		그	가		군	자	인	지		외	모	만	
장	엄	한		사	람	인	지		어	찌		알		수
있	겠	는	가	?										

아래 칸에 맞춰 써 보세요.

말이 독실한 것만으로는
실제로 그가 군자인지
외모만 장엄한 사람인지
어찌 알 수 있겠는가?

말하는 모습만으로는 어떤 사람인지 판단하기 힘들어요.
사람을 볼 때는 말과 행동이 일치하는지 살펴야 해요.

안연편
67

非禮勿視하며 非禮勿聽하며 非禮勿言하며 非禮勿動이니라.
비례물시 비례물청 비례물언 비례물동

예가 아니면 보지 말고
예가 아니면 듣지 말며
예가 아니면 말하지 말고
예가 아니면 움직이지 말라.

 **바르게 따라 써 보세요.**

	예	가		아	니	면		보	지		말	고		예
가		아	니	면		듣	지		말	며		예	가	
아	니	면		말	하	지		말	고		예	가		아
니	면		움	직	이	지		말	라	.				

 **아래 칸에 맞춰 써 보세요.**

예가 아니면 보지 말고
예가 아니면 듣지 말며
예가 아니면 말하지 말고
예가 아니면 움직이지 말라.

예절이 바른 사람은 어디에 가든 환영을 받아요.
말과 행동하는 데 있어 예에 어긋나지 않게 하라는 뜻이에요.

안연편
68

君子는 不憂不懼니라.
군자 불우불구

군자는 근심하지 않고
두려워하지도 않는다.

바르게 따라 써 보세요.

	군	자	는		근	심	하	지		않	고		두	려
워	하	지	도		않	는	다	.						

아래 칸에 맞춰 써 보세요.

군자는 근심하지 않고
두려워하지도 않는다.

군자는 앞으로 나아갈 길이 있기 때문에 불필요한 걱정은 하지 않아요.
또 잘못한 일이 없기 때문에 두려울 것이 없지요.

안연편
69

君子는 成人之美하고 不成人之惡하나니 小人은 反是니라.
군자 성인지미 불성인지악 소인 반시

군자는 남의 장점을 이루게 하고
단점은 고쳐 주지만
소인은 이와 반대로 한다.

바르게 따라 써 보세요.

	군	자	는		남	의		장	점	을		이	루	게
하	고		단	점	은		고	쳐		주	지	만		소
인	은		이	와		반	대	로		한	다	.		

아래 칸에 맞춰 써 보세요.

군자는 남의 장점을 이루게 하고
단점은 고쳐 주지만
소인은 이와 반대로 한다.

좋은 친구나 선생님을 만나면 가지고 있는 장점이 키워지고 단점은 고쳐지기도 해요.
하지만 배울 점이 없는 사람을 만나면 오히려 단점이 커질 수도 있어요.

안연편
70

樊遲問仁한대 子曰 愛人이니라.
번지문인 자왈 애인

'번지'라는 제자가 인에 대해 물으니
공자는 사람을 사랑하는 것이라고 말했다.

바르게 따라 써 보세요.

	'번	지'		라	는		제	자	가		인	에	
대	해		물	으	니		공	자	는		사	람	을
사	랑	하	는		것	이	라	고		말	했	다.	

아래 칸에 맞춰 써 보세요.

'번지'라는 제자가 인에 대해 물으니
공자는 사람을 사랑하는 것이라고 말했다.

공자가 평생을 추구했던 인(仁)은 남을 사랑하는 마음이에요.
마음에 사랑이 있으면 주변 사람에게도 그 마음이 자연스럽게 나누어져요.

안연편
71

忠告而善道之하되 不可則止하여 無自辱焉이니라.
충고이선도지 불가즉지 무자욕언

충고하고 잘 이끌어 주되
받아들이지 않으면 그만두어
자신까지 욕되게 하지 않아야 한다.

바르게 따라 써 보세요.

	충	고	하	고		잘		이	끌	어		주	되	
받	아	들	이	지		않	으	면		그	만	두	어	
자	신	까	지		욕	되	게		하	지		않	아	야
한	다	.												

아래 칸에 맞춰 써 보세요.

충고하고 잘 이끌어 주되
받아들이지 않으면 그만두어
자신까지 욕되게 하지 않아야 한다.

나쁜 길로 가는 친구를 보면 충고를 해 줘야 하지요. 하지만 아무리 충고해도 듣지 않으면 냉정하게 우정을 끊고 자신까지 부끄러운 일을 당하지 말라고 공자는 조언했어요.

자로편 72

君子는 和而不同하고 小人은 同而不和니라.
군자 화이부동 소인 동이불화

군자는 화합하되 같아지지 않고
소인은 같아지면서도 화합하지 않는다.

바르게 따라 써 보세요.

	군	자	는		화	합	하	되		같	아	지	지	
않	고		소	인	은		같	아	지	면	서	도		화
합	하	지		않	는	다	.							

아래 칸에 맞춰 써 보세요.

군자는 화합하되 같아지지 않고
소인은 같아지면서도 화합하지 않는다.

군자는 사람들과 협력하면서도 소신은 굽히지 않아요.
하지만 소인은 자신의 이익을 위해 함께했다가도 손해인 듯하면 금세 돌아서지요.

자로편 73

不如鄕人之善者好之요, 其不善者惡之니라.

불여향인지선자호지 기불선자오지

마을 사람들 중에서
착한 사람이 좋아하느니만 못하고
착하지 않은 사람이 미워하는 것만도 못하다.

바르게 따라 써 보세요.

	마	을		사	람	들		중	에	서		착	한	
사	람	이		좋	아	하	느	니	만		못	하	고	
착	하	지		않	은		사	람	이		미	워	하	는
것	만	도		못	하	다	.							

아래 칸에 맞춰 써 보세요.

마을 사람들 중에서
착한 사람이 좋아하느니만 못하고
착하지 않은 사람이 미워하는 것만도 못하다.

공자는 착한 사람은 나를 좋아하고, 착하지 않은 사람은 나를 싫어해도 좋다고 했어요.
바르지 못한 사람에게까지 인정받을 필요는 없다는 뜻이에요.

자료편 **74**

君子는 泰而不驕하고 小人은 驕而不泰니라.
군자 태이불교 소인 교이불태

군자는 태연하지만 교만하지 않고
소인은 교만하지만 태연하지 못하다.

바르게 따라 써 보세요.

	군	자	는		태	연	하	지	만		교	만	하	지
않	고		소	인	은		교	만	하	지	만		태	연
하	지		못	하	다.									

아래 칸에 맞춰 써 보세요.

군자는 태연하지만 교만하지 않고
소인은 교만하지만 태연하지 못하다.

군자는 높은 지위에 올라도, 큰돈을 벌어도 한결같은 모습이에요.
하지만 소인은 작은 일에도 쉽게 우쭐대며 교만하게 행동하지요.

헌문편 75

愛之면 能勿勞乎아.

애지 능물로호

그를 아끼면서
수고롭게 하지 않을 수 있겠는가?

바르게 따라 써 보세요.

	그	를		아	끼	면	서		수	고	롭	게		하
지		않	을		수		있	겠	는	가	?			

아래 칸에 맞춰 써 보세요.

그를 아끼면서
수고롭게 하지 않을 수 있겠는가?

자식을 아낀다고 감싸기만 하면 스스로 할 줄 아는 일이 없게 돼요.
아낄수록 수고롭지만 많은 일을 경험해 보고 성장할 수 있도록 이끌어 줘야 해요.

헌문편
76

貧而無怨은 難하고 富而無驕는 易하니라.
빈이무원 난 부이무교 이

가난하면서 원망이 없기는 어려워도
부유하면서 교만하지 않기는 쉽다.

바르게 따라 써 보세요.

	가	난	하	면	서		원	망	이		없	기	는	
어	려	워	도		부	유	하	면	서		교	만	하	지
않	기	는		쉽	다.									

아래 칸에 맞춰 써 보세요.

가난하면서 원망이 없기는 어려워도
부유하면서 교만하지 않기는 쉽다.

가난한 생활 속에서 마음에 원망이 생기고, 부유하면서 교만하지 않기도 어려워요.
특히 가난 속에서 불평과 불만이 생기고 원망이 생기기 더욱 쉽다고 해요.

헌문편
77

其言之不怍이면 則爲之也難하니라.
기언지부작 즉위지야난

자신의 말을 부끄러워할 줄 모르면
그 말을 실천하기 어렵다.

바르게 따라 써 보세요.

	자	신	의		말	을		부	끄	러	워	할		줄
모	르	면		그		말	을		실	천	하	기		어
렵	다	.												

아래 칸에 맞춰 써 보세요.

자신의 말을 부끄러워할 줄 모르면
그 말을 실천하기 어렵다.

생각나는 대로 함부로 이야기하면 쏟아낸 말이 많으니 실천하기 어려워요. 자신이 한 말에 대해 실천하지 못해 부끄러워할 줄 안다면 신중하게 말하고 꼭 해야 할 말만 하게 될 거예요.

헌문편
78

古之學者는 爲己러니 今之學者는 爲人이로다.
고지학자 위기 금지학자 위인

옛날 학자들은
자신의 수양을 위해 공부했는데
요즘 학자들은
남에게 인정받기 위해서 공부하는구나.

바르게 따라 써 보세요.

	옛	날		학	자	들	은		자	신	의		수	양
을		위	해		공	부	했	는	데		요	즘		학
자	들	은		남	에	게		인	정	받	기		위	해
서		공	부	하	는	구	나	.						

아래 칸에 맞춰 써 보세요.

옛날 학자들은
자신의 수양을 위해 공부했는데
요즘 학자들은
남에게 인정받기 위해서 공부하는구나.

학문은 스스로 마음의 수양을 쌓기 위함인데, 요즘은 남에게 인정받고 출세를 위해 공부한다고 공자가 한탄을 하며 한 말이에요.

헌문편

79

君子는 **思不出其位**니라.
군자 사불출기위

군자는 생각이 그 지위를
벗어나지 않는다.

바르게 따라 써 보세요.

	군	자	는		생	각	이		그		지	위	를
벗	어	나	지		않	는	다	.					

아래 칸에 맞춰 써 보세요.

군자는 생각이 그 지위를
벗어나지 않는다.

군자는 자기 분수에 넘치는 생각을 하지 않는다는 뜻으로,
자신의 위치와 지위에 맞게 생각하고 행동하라는 공자의 가르침이에요.

헌문편
80

驥는 不稱其力이라 稱其德也니라.
기 불칭기력 칭기덕야

천리마를 칭찬하는 것은
힘 때문이 아니라 덕 때문이다.

바르게 따라 써 보세요.

	천	리	마	를		칭	찬	하	는		것	은		힘
때	문	이		아	니	라		덕		때	문	이	다	.

아래 칸에 맞춰 써 보세요.

천리마를 칭찬하는 것은
힘 때문이 아니라 덕 때문이다.

하루에 천 리를 달린다는 전설의 천리마는 다리의 힘을 칭찬하는 것이 아니라 천 리를 달리는 끈기와 의지, 용기와 지혜를 높이 평가해요. 사람 또한 능력보다는 도덕성이 중요해요.

위령공편
81

可與言而不與之言이면 失人이니라.
가여언이불여지언 실인

더불어 말할 만한데
더불어 말하지 않으면
사람을 잃는다.

바르게 따라 써 보세요.

더	불	어		말	할		만	한	데		더	불	어
말	하	지		않	으	면		사	람	을		잃	는	다.

아래 칸에 맞춰 써 보세요.

더불어 말할 만한데
더불어 말하지 않으면
사람을 잃는다.

더불어 말할 만한 사람은 나와 생각이 통하는 사람을 말해요. 호감이 가는데도 마음을 전하지 않으면 만남이 이어지지 않아요. 이럴 때는 용기를 내서 진심을 전해 보세요.

위령공편
82

不可與言而與之言이면 失言이니라.
불가여언이여지언 실언

더불어 말할 만하지 않은데
더불어 말하면
말을 잃는 것이다.

바르게 따라 써 보세요.

	더	불	어		말	할		만	하	지		않	은	데
더	불	어		말	하	면		말	을		잃	는		것
이	다	.												

아래 칸에 맞춰 써 보세요.

더불어 말할 만하지 않은데
더불어 말하면
말을 잃는 것이다.

더불어 말할 만하지 않은 사람은 진심이 통하지 않거나 믿을 수 없는 사람을 가리켜요.
이런 사람과 자꾸 말을 나누다 보면 말을 헛되이 하게 된다는 뜻이에요.

위령공편
83

人無遠慮면 必有近憂니라.
인무원려 필유근우

사람이 먼 장래에 대한 생각이 없으면
반드시 가까운 시일에 근심이 생긴다.

바르게 따라 써 보세요.

	사	람	이		먼		장	래	에		대	한		생
각	이		없	으	면		반	드	시		가	까	운	
시	일	에		근	심	이		생	긴	다	.			

아래 칸에 맞춰 써 보세요.

사람이 먼 장래에 대한 생각이 없으면
반드시 가까운 시일에 근심이 생긴다.

어른이 돼서 어떤 사람이 되고 싶나요? 먼 미래를 바라보면 현재의 사소한 고민에 대범해질 수 있어요. 하지만 꿈이 없다면 현재의 사소한 고민에 집착하게 된답니다.

위령공편
84

群居終日에 言不及義요, 好行小慧면 難矣哉라.
군거종일 언불급의 호행소혜 난의재

종일 함께 모여 있으면서도
의로운 이야기는 하지 않고
얕은꾀나 짜는 것을 좋아하면
참으로 한심한 일이다.

바르게 따라 써 보세요.

종	일		함	께		모	여		있	으	면	서	도
의	로	운		이	야	기	는		하	지		않	고
얕	은	꾀	나		짜	는		것	을		좋	아	하	면
참	으	로		한	심	한		일	이	다	.			

아래 칸에 맞춰 써 보세요.

종일 함께 모여 있으면서도
의로운 이야기는 하지 않고
얕은꾀나 짜는 것을 좋아하면
참으로 한심한 일이다.

여럿이 모여 쓸데없는 이야기를 하는 것에 공자가 훈계한 내용이에요.
의로운 사람은 옳고 그름을 고민하고 얕은꾀를 내지 않아요.

위령공편
85

君子는 求諸己요, 小人은 求諸人이니라.
군자 구저기 소인 구저인

군자는 일의 원인을 자기에게서 찾고
소인은 남에게서 원인을 찾는다.

바르게 따라 써 보세요.

	군	자	는		일	의		원	인	을		자	기	에
게	서		찾	고		소	인	은		남	에	게	서	
원	인	을		찾	는	다	.							

아래 칸에 맞춰 써 보세요.

군자는 일의 원인을 자기에게서 찾고
소인은 남에게서 원인을 찾는다.

군자는 어떤 문제가 생기면 자신부터 돌아보며 원인을 찾고 해결하려고 노력해요.
하지만 소인은 다른 사람을 탓하고 핑계 대기 바쁘지요.

위령공편
86

己所不欲을 勿施於人이니라.
기소불욕　　　물시어인

자신이 하기 싫은 것을
남에게 시키지 않는다.

바르게 따라 써 보세요.

자	신	이		하	기		싫	은		것	을		남
에	게		시	키	지		않	는	다.				

아래 칸에 맞춰 써 보세요.

자신이 하기 싫은 것을
남에게 시키지 않는다.

자신이 하고 싶지 않은 일은 다른 사람도 하기 싫기 때문에 시키지 말라는 뜻이에요.
이처럼 상대방을 대할 때는 입장을 바꾸어 생각해 볼 줄 알아야 해요.

위령공편
87

衆이 惡之라도 必察焉하며 衆이 好之라도 必察焉이니라.
중 오지 필찰언 중 호지 필찰언

많은 사람이 싫다 해도
반드시 따져 보고
많은 사람이 좋다 해도
반드시 따져 보라.

바르게 따라 써 보세요.

	많	은		사	람	이		싫	다		해	도		반
드	시		따	져		보	고		많	은		사	람	이
좋	다		해	도		반	드	시		따	져		보	라.

아래 칸에 맞춰 써 보세요.

많은 사람이 싫다 해도
반드시 따져 보고
많은 사람이 좋다 해도
반드시 따져 보라.

주변 사람들이 좋다고 하거나 나쁘다고 말하면 귀가 솔깃해지기 쉬워요.
하지만 진실은 많은 이들의 생각과 다를 수 있으니 좋고 싫음은 직접 따져 봐야 해요.

위령공편
88

過而不改 是謂過矣니라.
과이불개 시위과의

잘못인 줄 알면서도 고치지 않는 것,
이것이 진짜 잘못이다.

바르게 따라 써 보세요.

	잘	못	인		줄		알	면	서	도		고	치	지
않	는		것	,	이	것	이		진	짜		잘	못	이
다	.													

아래 칸에 맞춰 써 보세요.

잘못인 줄 알면서도 고치지 않는 것,
이것이 진짜 잘못이다.

실수를 깨닫지 못하고 중히 여기지 않으면 같은 실수를 반복하게 되지요.
잘못인 줄 알면서도 고치지 않는 것은 가장 큰 잘못이랍니다.

위령공편 89

道不同이면 不相爲謨니라.
도부동 불상위모

추구하는 길이 다르면
함께 일을 꾀하지 않는다.

바르게 따라 써 보세요.

	추	구	하	는		길	이		다	르	면		함	께
일	을		꾀	하	지		않	는	다	.				

아래 칸에 맞춰 써 보세요.

추구하는 길이 다르면
함께 일을 꾀하지 않는다.

함께 일을 하는 데 있어 추구하는 바가 다르면 배가 산으로 갈 수 있어요.
누군가와 함께 일을 할 때는 목표와 중요하게 생각하는 것이 무엇인지 먼저 헤아려 봐야 해요.

계씨편

90

友直하며 友諒하며 友多聞이면 益矣니라.
우직　　　우량　　　우다문　　　익의

정직한 사람을 친구로 삼고
성실한 사람을 친구로 삼고
보고 들은 것이 많은 사람을
친구로 삼으면 유익하다.

바르게 따라 써 보세요.

	정	직	한		사	람	을		친	구	로		삼	고
성	실	한		사	람	을		친	구	로		삼	고	
보	고		들	은		것	이		많	은		사	람	을
친	구	로		삼	으	면		유	익	하	다	.		

아래 칸에 맞춰 써 보세요.

정직한 사람을 친구로 삼고
성실한 사람을 친구로 삼고
보고 들은 것이 많은 사람을
친구로 삼으면 유익하다.

유익한 사람과 어울리면 자신도 더불어 밝아져요.
스스로도 상대방에게 유익한 친구가 되도록 노력하세요.

양화편

91

性相近也나 習相遠也라.

성상근야 습상원야

타고난 성품은 서로 비슷하지만
경험에 따라 서로 멀어지게 된다.

바르게 따라 써 보세요.

	타	고	난		성	품	은		서	로		비	슷	하
지	만		경	험	에		따	라		서	로		멀	어
지	게		된	다.										

아래 칸에 맞춰 써 보세요.

타고난 성품은 서로 비슷하지만
경험에 따라 서로 멀어지게 된다.

성격은 어느 정도 타고나지만 자라면서 어떤 경험들을 했느냐에 따라 다른 사람이 되기도 해요. 타고난 성품도 중요하지만, 자라면서 익힌 경험이 더욱 중요하다는 말이에요.

양화편
92

道聽而塗說이면 德之棄也니라.
도청이도설 덕지기야

길거리에서 듣고서
그대로 길거리에서 말하는 것은
덕을 내다 버리는 꼴이다.

바르게 따라 써 보세요.

	길	거	리	에	서		듣	고	서		그	대	로	
길	거	리	에	서		말	하	는		것	은		덕	을
내	다		버	리	는		꼴	이	다	.				

아래 칸에 맞춰 써 보세요.

길거리에서 듣고서
그대로 길거리에서 말하는 것은
덕을 내다 버리는 꼴이다.

길을 다니다 보면 확인되지 않은 이야기들이 살을 덧붙이며 사람들 사이에 오가지요.
길에서 들은 이야기를 다시 길에서 전하는 것은 지켜온 성품을 길에 내다 버리는 것과 같아요.

양화편
93

年四十而見惡焉이면 其終也已니라.
년사십이견오언　　　　　　기종야이

나이 마흔이 되어서도 남의 미움을 받으면
이미 끝난 것이다.

바르게 따라 써 보세요.

	나	이		마	흔	이		되	어	서	도		남	의
미	움	을		받	으	면		이	미		끝	난		것
이	다	.												

아래 칸에 맞춰 써 보세요.

나이 마흔이 되어서도 남의 미움을 받으면
이미 끝난 것이다.

마흔 살은 의심과 흔들림이 없어야 하는 나이예요. 그런데 그 나이에도
주변 사람들로부터 미움을 산다면 그동안 지켜온 길이 아마도 잘못됐을 거예요.

미자편 94

往者는 不可諫이어니와 來者는 猶可追니라.
왕자 불가간 내자 유가추

이미 지나간 일은 어쩔 수 없지만
앞으로 다가올 일은 잘할 수 있다.

바르게 따라 써 보세요.

	이	미		지	나	간		일	은		어	쩔		수
없	지	만		앞	으	로		다	가	올		일	은	
잘	할		수		있	다	.							

아래 칸에 맞춰 써 보세요.

이미 지나간 일은 어쩔 수 없지만
앞으로 다가올 일은 잘할 수 있다.

지나간 일은 잘못되어도 바로잡아 고칠 수 없지만 미래의 일은 희망이 있으니
상황을 탓하지 말고 앞으로의 일에 적극적으로 임하라는 말이에요.

미자편

95

故舊無大故면 則不棄也하며 無求備於一人이니라.

고구무대고 / 즉불기야 / 무구비어일인

큰 잘못이 없는 한
오래된 친구를 버리지 않으며
한 사람이 무엇이든
잘할 수 있기를 바라지 않는다.

바르게 따라 써 보세요.

	큰		잘	못	이		없	는		한		오	래	된
친	구	를		버	리	지		않	으	며		한		사
람	이		무	엇	이	든		잘	할		수		있	기
를		바	라	지		않	는	다.						

아래 칸에 맞춰 써 보세요.

큰 잘못이 없는 한
오래된 친구를 버리지 않으며
한 사람이 무엇이든
잘할 수 있기를 바라지 않는다.

오래된 친구나 신하는 소중하게 대해야 한다는 뜻이에요.
나와 가까이 있는 사람들부터 소중하게 챙겨야 해요.

자장편
96

日知其所亡하며 月無忘其所能이면 可謂好學也已矣니라.
일지기소무 월무망기소능 가위호학야이의

날마다 새로운 것을 알아가고
달마다 그것을 잊지 않는다면
배우기를 좋아한다고 말할 수 있다.

바르게 따라 써 보세요.

	날	마	다		새	로	운		것	을		알	아	가
고		달	마	다		그	것	을		잊	지		않	는
다	면		배	우	기	를		좋	아	한	다	고		말
할		수		있	다.									

아래 칸에 맞춰 써 보세요.

날마다 새로운 것을 알아가고
달마다 그것을 잊지 않는다면
배우기를 좋아한다고 말할 수 있다.

중국의 학자였던 자하가 제자를 가르치는 신조였어요.
어제보다 발전하는 내일의 나를 위해 배우고, 배움을 즐길 수 있어야 해요.

자장편
97

小人之過也는 必文이니라.
소인지과야 필문

소인은 잘못을 저지르면
반드시 그럴듯하게 꾸며댄다.

바르게 따라 써 보세요.

	소	인	은		잘	못	을		저	지	르	면		반
드	시		그	럴	듯	하	게		꾸	며	댄	다.		

아래 칸에 맞춰 써 보세요.

소인은 잘못을 저지르면
반드시 그럴듯하게 꾸며댄다.

군자는 자신의 잘못을 인정하지만 소인은 자신의 잘못도 어떻게 덮어 버릴지를 궁리하고 속이려 한다는 뜻이에요. 잘못을 했을 때는 군자처럼 행동해야 스스로에게 떳떳할 수 있어요.

요왈편 98

不知命이면 無以爲君子也니라.
부지명 무이위군자야

하늘의 명을 알지 못하면
군자라 할 수 없다.

바르게 따라 써 보세요.

	하	늘	의		명	을		알	지		못	하	면	
군	자	라		할		수		없	다	.				

아래 칸에 맞춰 써 보세요.

하늘의 명을 알지 못하면
군자라 할 수 없다.

스스로 잘할 수 있는 일이 하늘의 명, 즉 소명이지요. 자신의 소명을 알고 노력하는 것이 나의 할 일인데, 이런 소명을 깨닫지 못했다면 군자라 할 수 없어요.

요왈편
99

不知禮면 無以立也니라.
부지례 무이립야

예를 알지 못하면
세상에 당당히 나설 수 없다.

바르게 따라 써 보세요.

	예	를		알	지		못	하	면		세	상	에	
당	당	히		나	설		수		없	다	.			

아래 칸에 맞춰 써 보세요.

예를 알지 못하면
세상에 당당히 나설 수 없다.

예(禮)는 사회에서 지켜야 하는 도리를 말하며, 시대에 따라 조금씩 달라져요.
세상에 당당히 나서려면 이러한 예를 잘 알고 실천하기 위해 노력해야 해요.

요왈편

100

不知言이면 無以知人也니라.
부지언 무이지인야

말을 알지 못하면
사람을 알 수 없다.

바르게 따라 써 보세요.

	말	을		알	지		못	하	면		사	람	을	
알		수		없	다	.								

아래 칸에 맞춰 써 보세요.

말을 알지 못하면
사람을 알 수 없다.

자신의 생각과 감정을 표현하는 데는 말이 중요해요.
군자는 대화를 통해 상대방을 파악할 줄 알아야 한다는 내용이에요.

지은이 **키즈키즈 교육연구소**

기획과 편집, 창작 활동을 전문으로 하는 유아동 교육연구소입니다.
어린이들이 건강한 생각을 키우고 올곧은 인성을 세우는 데 도움이 되는
교육 콘텐츠를 개발하고 있습니다. 즐기면서 배울 수 있는 프로그램 개발에도
힘쓰고 있으며, 단행본과 학습지 등 다양한 분야에서 활동하고 있습니다.

하루 10분 논어 따라쓰기

중쇄 인쇄 | 2024년 11월 15일
중쇄 발행 | 2024년 11월 20일
지은이 | 키즈키즈 교육연구소
펴낸이 | 박수길
펴낸곳 | (주)도서출판 미래지식
기획 편집 | 이솔 · 김아롬
디자인 | design Ko

주소 | 경기도 고양시 덕양구 통일로 140 삼송테크노밸리 A동 3층 333호
전화 | 02)389-0152
팩스 | 02)389-0156
홈페이지 | www.miraejisig.co.kr
이메일 | miraejisig@naver.com
등록번호 | 제2018-000205호

ISBN 979-11-90107-49-5 64700
ISBN 978-11-90107-41-9 (세트)

*미래주니어는 미래지식의 어린이책 브랜드입니다.